문학과지성 시인선 350

그늘의 발달

문태준 시집

문학과지성사

문학과지성사에서 펴낸 문태준의 시집

가재미(2006)

문학과지성 시인선 350
그늘의 발달

초판 1쇄 발행 2008년 7월 18일
초판 12쇄 발행 2024년 12월 13일

지 은 이 문태준
펴 낸 이 이광호
펴 낸 곳 ㈜**문학과지성사**
등록번호 제1993-000098호
주   소 04034 서울 마포구 잔다리로7길 18(서교동 377-20)
전   화 02)338-7224
팩   스 02)323-4180(편집)   02)338-7221(영업)
전자우편 moonji@moonji.com
홈페이지 www.moonji.com

ⓒ 문태준, 2008. Printed in Seoul, Korea

ISBN 89-320-1881-2 03810

이 책의 판권은 지은이와 ㈜**문학과지성사**에 있습니다.
양측의 서면 동의 없는 무단 전재 및 복제를 금합니다.

문학과지성 시인선 350
그늘의 발달

문태준

2008

시인의 말

한 짐 가득 지게를 진 아버지가
굴을 빠져나와서 혹은 길가 비석 앞에서
지게를 진 채 한쪽 무릎을 세워 앉아
잠시 잠깐 가쁜 숨을 고르시던 게 생각난다.

시집을 내자고 여기 숨을 고르며 앉아 있는 나여.
너는 얼마나 고되게 왔는가.

아버지께 이 시집을 바친다.

2008년 여름
문태준

그늘의 발달

차례

시인의 말

1부

새 11
한 송이 꽃 곁에 온 12
당신에게 미루어놓은 말이 있어 13
귀 1 14
귀 2 15
그물 16
혼동 18
염소 19
두꺼비에 빗댐 20
늪 21
햇무덤 22
아무 까닭도 없이 23
百年 24
문병 26
화분 27
장님 30
그늘의 발달 31

2부

물끄러미 35
손수레인 나를 36
풀의 신앙 37
나와 아버지의 폐원(廢園) 38
공일(空日) 40
동산 42
꽃잎 지는 시간 43
늦가을을 살아도 늦가을을 44
평생(平生) 45
이별의 말이 생겨나기 전 46
이제 오느냐 48
목련 49
추운 옆 생각 50
공작이 꽁지 무늬를 바꾸는 사이 51
숨골 생각 52
흔들리다 54

3부

사랑 57
목욕 신발 58
저 저녁연기는 59
공과 아이 60
아이와 눈사람 62
가시가 박혔다고 우는 아이 63
조금씩 자꾸 웃는 아이 64

내일 1 65
내일 2 66
살얼음 아래 같은 데 1 67
살얼음 아래 같은 데 2 68
능금 혹은 돌배 70
경쾌한 우체부 71
나와 거북 1 72
나와 거북 2 74
나와 거북 3 75
물린 값으로 76
바람의 일 77
봄볕 78
극빈 3 79

4부

눈물에 대하여 83
마른 비늘에 쓴 편지 84
거리(距離) 86
넷이서 눈길을 걸어갔네 87
덜컥도 없이 너는 슬금슬금 88
크고 오래 쓴 채반을 인 사람처럼 89
뻘구멍 90
이별이 오면 92
온탕에서 93
구겨진 셔츠 94

겨울 강에서 95
새벽 못가 96
우레 97
우산의 은유 98
작심 99
주먹눈이 내리는 해변을 걸어가오 100
사랑의 외곽 102
엎드린 개처럼 104

해설|의뭉스러운, 느린 걸음의 노래·김주연 105

1부

새

새는 날아오네
산수유 열매 붉은 둘레에

새는 오늘도 날아와 앉네
덩그러니
붉은 밥 한 그릇만 있는 추운 식탁에

고두밥을 먹느냐

목을 자주 뒤쪽으로 젖히는 새는

한 송이 꽃 곁에 온

눈이 멀어 사방이 멀어지면
귀가 대신 가
세상의 물건을 받아 오리
꽃이 피었다고
어치가 와서 우네
벌떼가 와서 우네
한 송이 꽃 곁에 온
반짝이는 비늘들
소리가 골물처럼 몰리는 곳
한 송이 꽃을 귀로 보네
내 귓가에 맴도는 목소리,
당신의 은밀한 농담들,
소리의 침실들, 그러나
끝이 있는 사랑의 악보들
의자를 꽃 가운데 놓고
내 몸에 수의를 입히듯
나 먼저,
오래 쓴 눈을 감네

당신에게 미루어놓은 말이 있어

오늘은 당신에게 미루어놓은 말이 있어

길을 가다 우연히 갈대숲 사이 개개비의 둥지를 보았네

그대여, 나의 못다 한 말은

이 외곽의 둥지처럼 천둥과 바람과 눈보라를 홀로 맞고 있으리

둥지에는 두어 개 부드럽고 말갛고 따뜻한 새알이 있으리

나의 가슴을 열어젖히면

당신에게 미루어놓은 나의 말은

막 껍질을 깨치고 나올 듯

작디작은 심장으로 뛰고 있으리

귀 1

초여름 밤에
미끄러운
산개구리 내려와
연못은
울퉁불퉁하고
산개구리는
청포도알을 낳고
청포도알을 낳고
나의 연못은
청포도잎처럼 커져

귀 2

가을 풀밭에 앉아 있었네

가을 풀벌레는
무릎 주름에서 우네

걸어가며 울던
나의 어머니

그물

수풀을 지나간다

가을벌레들이 운다

몇 겹의 그물

완만하고 탄력이 있다

촘촘하다가 헐렁하다

발이 폭폭 빠지지는 않는다

내 심장보다는 크게 얽어놓아

멈추어 서게 한다

잠시 끌었다가 살짝 나시 놓아준다

당신과 내가

언제부터 이곳서 살았던가,

바람을 타고 날아 흩어지는

혼동

가을밤에 뒷마당에 서 있는데
풀벌레가 울었다
바람이 일고
시누대 댓잎들이 바람에 쏠렸다
앞서거니 뒤서거니
풀벌레 소리
댓잎 소리
또 한번은
겹쳐
서로 겹쳐서
그러나 댓잎 소리가 풀벌레 소리를 쓸어내거나
그러나 풀벌레 소리가 댓잎 소리 위에 앉거나
그러지는 않았다
혼동이라는
그 말에
큰 오해가 있음을 알았다
혼동이라는
그 말로
나를 너무 내세웠다

염소

언제부턴가
내 눈 속에
까만 염소 두 마리가 들어와 살고 있다

새로운 풀밭을 찾아 만삭의 배를 채우라고
말뚝에 묶어두지는 않았다

저녁을 다 뜯어 먹고
나보다 먼저 집으로 돌아와
어두운 마당을 중얼거리고
묶어달라고
목청을 떨며
나를 기다리고

나는 까만 염소가 되고 싶다
봄의 저녁을 다 울고 있겠지

아직은 혼자가 아닌,
태어나지 않은 나의 염소

두꺼비에 빗댐
── 詩

내 걸음 가다 멎는 곳 당신 얼굴 들썽들썽해
천천히 오직 천천히
당신의 집과 마당을 다 둘러 나왔소

습한 곳에 바쳐질 조촐한 나의 목숨
나의 서정(抒情)

늪

나는 가슴에 이걸 넣어두었지
허파라고 여기면서
상가(喪家)라고 여기면서
그곳엘 드나들었지
내 몸의 헐렁한 주머니들
가장 귀한 하느님의 선물
너의 입에 처음 들어온
불은 젖
눈물을 잊은 적이 없는 눈동자
아주 겸손한 잔치들
꽃의 생기와 낙엽의 미래
그 시간들에 있는 막연한 짐작들
심폐 소생으로 살아난
나의 몸
나의 봄

햇무덤

까마귀가 한 마리 또 두 마리 울며 날아가
죽은 나무에
나무의 폐에
흑탄처럼 내려앉는

슬픈 九天

여자는 식전바람에 곡을 하고 내려갔네

누군가 치대다 급한 일 보러 가
덩그러니 남겨진
반죽처럼

또,
마르는
햇무덤

아무 까닭도 없이

돌담을 지나가고 있었다
귀뚜라미가 돌담 속에서 울고 있었다
구렁이가 살던 곳이라고 했다
돌담을 돌아도 돌담이 이어졌다
귀뚜라미가 따라오며 울었다
집으로 얼른 돌아와
목침(木枕)을 베고 누웠다
빈방에 가만히 있었다
귀뚜라미가 따라와
목침 속에서 울었다
방이 어두워지자
밤이 밤의 뜻으로 깊어지자
눈물이 뚝뚝 떨어졌다
아무 까닭도 없이

百年

　와병 중인 당신을 두고 어두운 술집에 와 빈 의자처럼 쓸쓸히 술을 마셨네

　내가 그대에게 하는 말은 다 건네지 못한 후략의 말

　그제는 하얀 앵두꽃이 와 내 곁에서 지고
　오늘은 왕버들이 한 이랑 한 이랑의 새잎을 들고 푸르게 공중을 흔들어 보였네

　단골 술집에 와 오늘 우연히 시렁에 쌓인 베개들을 올려보았네
　연지처럼 붉은 실로 꼼꼼하게 바느질해놓은 百年이라는 글씨

　저 百年을 함께 베고 살다 간 사랑은 누구였을까
　병이 오고, 끙끙 앓고, 붉은 알몸으로도 뜨겁게 껴안자던 百年

등을 대고 나란히 눕던, 당신의 등을 쓰다듬던 그
百年이라는 말
　강물처럼 누워 서로서로 흘러가자던 百年이라는 말

　와병 중인 당신을 두고 어두운 술집에 와 하루를
울었네

문병

그대는 엎질러진 물처럼 누워 살았지
나는 보슬비가 다녀갔다고 말했지
나는 제비가 돌아왔다고 말했지
초롱꽃 핀 바깥을 말하려다 나는 그만두었지
그대는 병석에 누워 살았지
그것은 수국(水國)에 사는 일
그대는 잠시 웃었지
나는 자세히 보았지
먹다 흘린 밥알 몇 개를
개미 몇이 와 마저 먹는 것을
나는 어렵게 웃으며 보았지
그대가 나의 손을 놓아주지 않았으므로
그대의 입가에 아주 가까이 온
작은 개미들을 계속 보았지

화분

사랑의 농원에 대하여
생각하였느니

나는 나로부터 변심하는 애인

나의 하루와 노동은
죽은 화분에 물을 부어주었느니

흘러 흘러갔어라,
먼 산 눈이 녹는 동안의 시간이

죽은 화분에 물을 부어주었느니

풀이 사라진 자리에
다시 풀이 와
어떤 곳으로부터 와

풀은 와서 돋고

몸이 커지고 스스로
풀꽃을 피우고 문득
여인이 되었어라

수심(愁心)을 들고 바람 속에 흔들리거나
내가 돌아앉으면
눈물을 달고 어룽어룽 내 뒤에 서 있었어라

어디로부터 왔느냐
묻지는 않았으니
누구도 나에게 그렇게 묻지 않았듯이

우리는 이 화분을 들고
앞서고 앞서서 가거나
늦추고 늦추어서 갈 뿐

우리는 이 화분을 들고
서로에게 구름 그림자처럼 지나가는 애인

나는 나로부터 변심하는 애인

그러하니 사랑이여,
우리가 만나는 동안은
샘물을 길어서
주름을 메우고
서로의 목을 축여다오

장님

찔레나무에 찔레꽃이 피었습니다
그 곁에
오금이 저리도록 앉아 있었습니다
하나의 의혹이 생겨났습니다
그대의 가슴은 어디에 있습니까
찔레 덤불 속 같은 곳
헝클어진 곳보다 보다 안쪽
막 눈물이 돌기 시작하는 곳
그곳으로
날아오는 새와 날아오는 구름
그곳으로부터
날아가는 새와 날아가는 구름

그늘의 발달

아버지여, 감나무를 베지 마오
감나무가 너무 웃자라
감나무 그늘이 지붕을 덮는다고
감나무를 베는 아버지여
그늘이 지붕이 되면 어떤가요
눈물을 감출 수는 없어요
우리 집 지붕에는 폐렴 같은 구름
우리 집 식탁에는 매끼 묵은 밥
우리는 그늘을 앓고 먹는
한 몸의 그늘
그늘의 발달
아버지여, 감나무를 베지 마오
눈물은 웃음을 젖게 하고
그늘은 또 펼쳐 보이고
나는 엎드린 그늘이 되어
밤을 다 감고
나의 슬픈 시간을 기록해요
나의 일기(日記)에는 잠시 꿔온 빛

2부

물끄러미

한낮에 덩굴을 물끄러미 바라보았다
입이 뾰족한 들쥐가 마른 덩굴 아래를 지나가는 것을 보았다
갈잎들은 지는 일로 하루를 살았다
오늘은 일기(日記)에 기록할 것이 없었다
헐거워지는 일로 하루를 살았다
나는 식은 재를 손바닥 가득 들어 올려보았다

손수레인 나를

외발의 손수레가 있다
늙은 아버지가 포도밭 사이로 거름을 낼 때 쓴다
손수레는 하루쯤 일없이 있다
오늘이 그날이다
손수레를 오늘은 일 없는 내가
끌고 가보았다
손수레는 배와 물고기와 한가지로 흘러가는 것
대밭으로 굴속으로 다리 위를
굴리고 굴리고 갈 뿐
아득히 먼 곳까지는 아니었다
어두워졌을 때 그만두었다
싣고 돌아온 것조차 없었다
손수레를 있던 자리에 가만히 내려놓았다
누가 이 손수레를 끌고 다녔는지 알 수 없었다
손수레인 나를 일없이 끌고 다닌 이를

풀의 신앙

푸른 풀들이 서 있었다
아주 단순한 열 폭의 병풍
바람이 풀들 속으로 밀고 들어가고 있었다
초당(草堂)이 무너질 듯 무너질 듯 기울어갔다
맨발로 천천히 걸어 나와
기우는 외벽에
통나무를 받쳐놓고
다시 초당 속으로 들어가는
사내가 하나 있었다

바람만이 불러낼 수 있는 사내
풀의 신앙

나와 아버지의 폐원(廢園)

오늘 나의 아버지는 미래의 과일들을 버리네
자두나무를 베어내네
사과나무를 베어내네
밭에서 꽃과 열매가
사라졌네 감쪽같게도
백이십 근의 나무 그늘이 거짓말처럼
노름판에 건 문서처럼
홀연 사라지고 돌밭이 남았네
돌밭은 물혹의 내장
돌밭은 젖을 물릴 수 없는 늙은 젖가슴
아버지는 나의 물혹열매
눈먼 아버지는 오늘 폐원을 가꾸고
내가 태어나던 그해처럼 다시 돌밭을 얻었네
눈먼 아버지는 나의 폐원
아버지는 나에게 이 과수원을 상속하기로 했었지
아버지는 나에게 폐원을 상속하네
썩지도, 아직 열리지도 않은
미래의 과일들을 다 버리고

아버지는 돌무더기 집으로 저녁처럼 홀로 들어가네
늙은 아버지는 참 이상한 농사를 짓지
늙은 아버지는 참 이상한 상속을 하지
상속의 끝이 폐원이라니.
농사의 끝이 폐원이라니.

공일(空日)

오늘은 손을 놓고 있다
아무것도 쥐지 않았다
가렵다
아랫배를 긁었다
머리통을 긁었다
왼손이
왼 어깨를 넘어갔다
뒷목을 긁었다
가렵다
젖을 긁다가 옆구리로
갔다, 가서 거기를 긁었다
이마와 코밑을
긁었다 긁다가 두 손이
한꺼번에 생각난 듯
윗옷을 걷어 올리고
젖에서 아랫배까지
훑듯이 긁었다
가렵다

겨드랑이까지 가렵다
공일에
이것은 또 무슨 일인가
가렵다
긁고만 있다,
그래도 공일이므로

동산

동생은 아직 돌아오지 않고 동산에 놀고 있다
암소도 염소도 함께 있다
벌도 까마귀도 같이 앉아 있다
우는 소린지 웃는 소린지 알 수 없다
이곳은 아득히 멀다
이곳서는 저쪽이 너무 작다
누나는 또 동생을 부르러 갔다, 가면서
동생의 이름을 길게 부른다
멀리서 동생은 내 이름을 길게 부른다
은하처럼 길게 나를 부른다
글쎄,
내가 왜 벌써 이곳으로 돌아왔는지 알 수 없다

꽃잎 지는 시간

겨우 밥술 뜰 만한 힘으로
늙은 손목에서 뛰는 가녀린 맥박과도 같이

가까이 아주 가까이에서,

나의 생각과 생각이 나를 어루만지다 잠시 떠나듯이

말려야겠다는 생각이 오기도 전에

늦가을을 살아도 늦가을을

늦가을을 살아도 늦가을을 몰랐지
늦가을을 제일로
숨겨놓은 곳은
늦가을 빈 원두막
살아도 살아갈 곳은
늦가을 빈 원두막
과일을 다 가져가고
비로소 그다음
잎사귀 지는 것의 끝을
혼자서
다 바라보는
저곳이
영리가 사는 곳
살아도 못 살아본 곳은
늦가을 빈 원두막
늦가을을 살아도 늦가을을 못 살았지

평생(平生)

저녁이 다 오고
강아지들이 어미의 젖을 찾는 것을 본다
어미는 저녁처럼 젖은 바닥에 등을 대고 누워 있고
눈을 못다 뜬 다섯의 강아지들은
머리통을 서로 밀고 찧으며
저녁밥을 찾는다
어디 다른 데에서 목숨을 사는 것이 아니라
저것이 평생이다

이별의 말이 생겨나기 전

끔찍하다

조그맣게 모인 물속
배를 내 눈알처럼 달고
올챙이가 헤엄치고 있다

아주 어둡고 덜 어두울 뿐인
둥근 배 속
다리 넷이
한데 엉겨 있다

한 통이다
한 통이 통째로 움직인다
마음 가면 마음이 전부 간다

속으로 울 때
손발이 모두
너의 눈물을 받아준다

너의 몸을 보고
내 몸을 보니
사람이 더 끔찍하다

팔을 밀어넣고
나의 다리를 밀어넣어
저 원적(原籍)으로 돌아갔으면

둥근 배 속
아직은 이별의 말이 생겨나기 전

이별이라는 말에 태동(胎動)이 있기 전

이제 오느냐

화분에 매화꽃이 올 적에
그걸 맞느라 밤새 조마조마하다
나는 한 말을 내어놓는다
이제 오느냐,
아이가 학교를 파하고 집으로 돌아올 적에
나는 또 한 말을 내어놓는다
이제 오느냐,

말할수록 맨발 바람으로 멀리 나아가는 말
얼금얼금 엮었으나 울이 깊은 구럭 같은 말

 뜨거운 송아지를 여남은 마리쯤 받아낸 내 아버지에게 배냇적부터 배운

목련

　나는 봄의 들의 일꾼이고 싶다

　단 하루도 흙물이 빠진 적 없는 열 개의 발톱을 가진 무논 쪽으로

　싸리광주리 행상(行商)을 하는 어머니가 오늘은 뜨거운 들밥을 내신다

추운 옆 생각

족제비가 뒤를 돌아가는 소리도 들릴 만하게 조용하고 무섭고
세상의 모든 검은 열매를 모아 즙을 내놓은 듯 캄캄하고
누군가 마당에 문득 들어선 듯 굵은 눈이 막 들고
너는 누이의 몸에서 이불을 끌어내려 너의 곯은 배를 덮고
너의 아버지는 꺼져가는 새벽 아궁이에 굵은 산솔잎을 지피고
너의 아버지는 소의 등에 덕석을 올리고 낮에 기운 털옷을 입히고

옆이라도 이런 옆은 없었으면 싶게 옆이 어는 날에는

곯은 너의 배와
너의 아버지와
막막하게 추운 하늘을 소의 눈알처럼 끔벅끔벅 올려보던 굵은 눈

공작이 꽁지 무늬를 바꾸는 사이

내가 슬그머니 무엇을 했는지 사소하게 다 말할 수 없지

신문을 바꾸고 파지를 내 생각을 바꾸고 안경을 바꾸고 거래 은행을 바꾸고 밥집을 바꾸고 맥주를 바꾸고 사랑을 바꾸고 이불을 바꾸고 꽃병의 꽃을 바꾸고 공중목욕탕을 바꾸고 멱살을 잡는 사람을 바꾸고 정거장을 바꾸고 병원을 바꾸고 모자를 바꾸고 모자 같은 말투를 바꾸고……
그걸 항아리라 믿고 항아리를 씻었다고 고백할 수밖에
그걸 벌통이라 믿고 벌통을 새로 내었다고 고백할 수밖에

내가 모처럼 무엇을 했는지 사소하게 다 말할 수 없지

연못 속 버들처럼 버들 그늘 속 오리처럼 갇힌 나로서는

숨골 생각

오늘은 어쩌자고 숨골 생각뿐이네

갈탄을 쌓아놓고 갈탄에 불을 넣는 노인을 보았네
갈탄 더미에 꼬막만 한 숨골을 내려고
꼬막만 한 숨을
푸후, 푸후,
불어넣는 노인을 보았네
참게처럼 엎드려
참게처럼 엎드려
연기에 주름눈을 씻으며
사이를 두고
목주름이 출렁이는 것을 보았네
늙은 칠면조의 목주름처럼 헐렁했지

숨골, 그걸 얻기가 어려워
잎이 어긋나는 것도 숨골이지

마른 갈대 사이에 선 추레한 바람 같은 것

당신과 나 사이에 있는 말의 아가미 같은 것
건널 다리 같은 것
가을이 오는 것
지느러미처럼 움직이는 것
겨우 알벌만 하고 예쁘기는 감꽃만 한 것

주름눈을 질끈 감고
칠순(七旬)에도
숨골, 그걸 얻기가 어렵지

흔들리다

나는 코스모스를 보고 있다
나는 중심
코스모스는 주변
바람이 오고 코스모스가
흔들린다, 나는 흔들리는
코스모스를 보고 있다
코스모스가 흔들린다고 생각할 때
중심이 흔들린다
욕조의 물이 빠지며 줄어들듯
중심은
나로부터 코스모스에게
서서히 넘어간다
나는 주변
코스모스는 중심
나는 코스모스를
코스모스는 나를
흔들리며 바라보고 있다

3부

사랑

호박꽃 속을 한결같이 맴도는 호박벌처럼

젖을 빨다 유두를 문 채 선잠 든 아가처럼

나오지 아니하고 그 통통한 살내 속에 있고 싶은

목욕 신발

목욕 신발을 하나 가졌으면
아주 작고 볼이 기름한 것으로

두고두고 발을 넣어보았으면

너무 작아 뒤꿈치가 나오겠지
마음은 조금 씻길 거야

일곱 살도 몰래몰래 신어보겠지

목욕 신발을 하나 가졌으면
목간에 들어서는 그 마음으로

저 저녁연기는

저 저녁연기는
마당에서 놀다 가는군

저 저녁연기는
저녁밥을 얻어먹고 가는군

저 저녁연기는
손이 늦군
나만큼
힘이 약하군

근심하지 말렴
내 놀던
건초더미야

공과 아이
── 형식(炯植)에게

아이가 공을 몰고 간다
공이 아이를 몰고 간다
아이는 고개를 까닥까닥
흔들고
공은 배꼽을 내놓고
구르고
공중은
한번은 아이를
한번은 공을
둘러업는다
달밤까지
아이가 공을
공이 아이를
몰고 간다
저곳까지
공이 멈추고 싶어 할 때
아이가 멈추고 싶어 할 때
공과 아이는

등을 구부려
둥글게 껴안는다

아이와 눈사람

아이가 눈사람을 만들고 있었다
바닥을 둥글게 굴려
두 개의 눈덩이를 만들었다
목이 짧았다
속치마도 입지 않았다
바람이 지나갔다
또 한 아이가 지나가다 눈사람을 보았다
고개를 갸웃했다
작은 손으로
눈사람의 가슴을 열고
둥그런 구멍을 하나 만들었다
입김을 불어 덥힌 손을
구멍 속으로 넣어주었다
머리를 밀어 넣어 웃음을 넣어주었다
햇살이 왔다
눈사람에게 미동이 있었다
두근거리는 소리가 일었다
둥근 배를 바닥에 대고
천천히 눕기 시작했다

가시가 박혔다고 우는 아이

가시가 박혔다고 우는 아이에게
새끼 오리 떼가 줄지어 가는 것을 보여주었다
고요한 연못을 보여주었다
휘파람으로 비행기를 불러주었다
손나팔을 불어주었다
쌍가락지를 끼워주었다
붉은 앵두를 한 줌 따다 주었다
나비춤을 마루에서 추어주었다
마루 끝까지 가도록 가도록 오늘은 그냥 두었다
가다 돌아서며 불쑥 울음을 터뜨렸다

조금씩 자꾸 웃는 아이

들키지 않도록 살금살금
아무도 없는 부뚜막에서
장독대 낮은 항아리 곁에서
쪼그리고 앉아
토란잎에 춤추는 이슬처럼
생글생글 웃는 아이

비밀을 갖고 가
저곳서
혼자 조금씩 자꾸 웃는 아이

언제였던가,

간질간질하던 때가
고백을 하고 막 돌아서던 때가
소녀처럼,
샛말간 얼굴로 저곳서 나를 바라보던 생의 순간은

내일 1

  산골 납작집 할매가 산길을 걸어 내려와 고갯길을 넘어올 완행버스를 기다리고 있다
  참빗을 곱게 내리는 햇살 속에 시간이 오고 있다
  내일이 오고 있다
  머릿수건을 머리에 올려둔 채
  버스가 이곳서는 좀 떨어진 곳에서 오고 있는 동안
  보퉁이에선 산당귀 내음새가 긴 명(命)처럼 흘러나왔다
  납작집의 가을에는 네 홉의 여치가 울고 염소가 울 것이다

내일 2

  소금집으로 다방 아가씨가 커피를 배달하러 들어갔다
  아가씨가 몰고 온 작은 오토바이에 올라타보았다
  부러 시동을 거는 입시늉을 크게 내보았다
  아가씨는 여태 나오지 않았지만
  내일이 오고 있다
  아직은 말들이 만나는 삼거리이다
  소금집이 내어놓은 한 더미의 꽃소금이 반짝반짝한다

살얼음 아래 같은 데 1

가는, 조촘조촘 가다 가만히 한자리서 멈추는 물고기처럼

가라앉은 물돌 곁에서, 썩은 나뭇잎 밑에서 조으는 물고기처럼

추운 저녁만 있으나 야위고 맑은 얼굴로

마음아, 너 갈 데라도 있니?

살얼음 아래 같은 데

흰 매화 핀 살얼음 아래 같은 데

살얼음 아래 같은 데 2
—— 生家

겨울 아침 언 길을 걸어
물가에 이르렀다
나와 물고기 사이
창이 하나 생겼다
물고기네 지붕을 튼 살얼음의 창
투명한 창 아래
물고기네 방이 한눈에 훤했다
나의 생가 같았다
창으로 나를 보고
생가의 식구들이
나를 못 알아보고
사방 쪽방으로 흩어졌다
젖을 갓 뗀 어린것들은
찬 마루서 그냥저냥 그네끼리 놀고
어미들은
물속 쌓인 돌과 돌 그 틈새로
그걸 깊은 데라고
그걸 가장 깊은 속이라고 떼로 들어가

나를 못 알아보고
무슨 급한 궁리를 하느라
그 비좁은 구석방에 빼곡히 서서
마음아, 너도 아직 이 생가에 살고 있는가
시린 물속 시린 물고기의 눈을 달고

능금 혹은 돌배

몇 알의 옹달샘같이
골 따라 내려온 산새가 우는 듯 마는 듯 그렇게 이따금씩
누구의 귓전에도 영영 닿지 않을 목소리로
쪽잠결에 들어앉는 낮 꿈같이 간소히
나의 열망보다 작고 좁고 허름하게
누구에게라도 쥐어질 수 있도록
저 멀리멀리 산비알에 떼꾼한 눈으로

보았는가,
능금 혹은 돌배

경쾌한 우체부

종일 우체부가 간다
오이꽃 사이를
머무르지 않고
오솔길을
글월을 숨긴 편지를 들고
자전거 바큇살을 굴리며
나의 집이 섭섭하게
언덕 아래로
나에게 고개를 돌려
잘도 휘파람을 불며
차차로 올 날이 있다고
얄밉게도
손박수를 치며
여름치마를 입고
나비옷을 입고

나와 거북 1

거북 한 마리를 샀네
그의 등때기와 목을 사랑하였네
물속에 돌을 하나 놓았네
앉을 데를 내주었네
침묵이 생겼네
돌이 두 개가 되었네
굼뜨고 굼뜬 거북은
물돌 밑에 살았네
오늘 낮엔 처음 목을 빼
나를 빤히 들여다보더니
젯상의 병풍을 접듯
물 바깥의 나를 접어
겹겹의 주름 덩어리로 만들어
하나의 주머니인 몸속으로
천천히 지극히 천천히
데리고 들어갔네
생각 하나가
오그라지는 얼굴 하나가

가슴속으로
들어가는 모습을 보았네

나와 거북 2

시간이여,
눈물이 그렁그렁 맺힌 사람에게 마른 데를 보여다오

아무도 없는 텅 빈집에 내가 막 들어섰을 때 나의 거북이 작은 몽돌 위에 올라 앉아 사방으로 다리를 벌리고 몸을 말리듯이
저 마른 빛이 거북의 모든 소유(所有)이듯이

걸레처럼 축축하게 밀고 가는 시간이여,
마른 배를 보여다오

나와 거북 3

거북은 돌을 괴고 자고
나는 숨을 괴고 자고

말〔言〕을 그곳에 슬고
마음이 그곳서 쉬고

따로따로
외돌토리로서

혹이 생기도록 이마를 대고
혹이 사라지도록 이마를 대고

나는 온종일 무르고 시틋하고
나는 산옻 올라 드러누워

숨도 훗날에는 저 돌이 되고자

물린 값으로

술 받으러 구멍가게에 갔다 덜컥 개에게 물렸다
헐렁한 몸뻬의 여주인이 개에게
이 계집이, 이 다 큰 계집이,
야윈 어미 개를 내 앞에서 큰딸 혼내듯 했다
내게 되레 잘못한 일이 있었나 뜨끔했다
술을 받아 나올 때 여주인은
여태 눈도 못 뜨는 두 마리의 하얀 새끼 개를 들어 보였다
따뜻한 배를 각각의 손으로 받쳐 들어 나에게 보여 주었다,
그 집으로부터 멀찍이 떨어져 겨우 다시 돌아보았을 때에도

바람의 일

남해 용문사
마루 끝에서 듣는
새 우는 소리

맑고 참 곱다

바람이 빨라 그렇단다

손 덜 타게
얼른얼른
바람이 건네주느니

종심(從心)이려니

바람의 이 일을
나도 하고자

봄볕

오늘은 탈이 없다
하늘에서 한 옴큼 훔쳐내 꽃병에 넣어두고 그 곁서 잠든 바보에게도

밥 생각 없이 종일 배부르다

나를 처음으로 쓰다듬는다

오늘은 사람도 하늘이 기르는 식물이다

극빈 3
―― 저 들판에

아무도 없는 빈 들판에 나는 이르렀네

귀 떨어진 밥그릇 하나 들고

빛을 걸식하였네

풀치를 말리듯 내 옷을 말렸네

알몸으로 누워 있으면

매미 허물 같은 한나절이 열 달 같았네

배 속의 아가처럼 귀도 눈도 새로이 열렸네

함께 오마 하는 당신에겐 저 들판을 빌려주리

4부

눈물에 대하여

어디서 고부라져 있던 몸인지 모르겠다
골목을 돌아나오다 덜컥 누군가를 만난 것 같이
목하 내 얼굴을 턱 아래까지 쓸어내리는 이 큰 손바닥
나는 나에게 너는 너에게
서로서로 차마 무슨 일을 했던가
시절 없이
점점 물렁물렁해져
오늘은 더 두서가 없다
더 좋은 내일이 있다는 말은 못하겠다

마른 비늘에 쓴 편지

오늘 낮에는 목발을 짚고 항구에 나갔습니다

물은 높고 어선들은 묶여 있었습니다

나와 나흘째 안면이 있는 이는 오늘도 장사를 참 잘합니다

그이는 손님을 끌어 앉혀 작은 칼로 물오징어의 배를 척, 척 가릅니다

어시장은 나에게 소금 친 고등어 한 손을 들어 보였습니다

소라들이 내 몸에 달라붙는 것을 보았습니다

엮어 꿴 양미리들이 꾸덕꾸덕하게 마르는 것을 보았습니다

누군들 알겠어요, 젖은 비늘이 마른 비늘이 되는 일을

몇이 어울린 곁에 끼어 소주를 했습니다

한 어부가 나중에 어디서 왔느냐고 나에게 물었습니다

오늘은 어망(魚網)의 일 속에 있었습니다

거리(距離)

오늘 풀뱀이 배를 스쳐 여린 풀잎을 눕힌 자리같이

거위가 울며 울며 우리로 되돌아가는 저 저녁의 깊이와 같이

거위를 따라 걷다 문득 뒤돌아볼 때 내가 좀전에 서 있었던 곳까지

한 계절 전 눈보라 올 때 한 채의 상여가 산 밑까지 밀고 간 들길같이

그보다 더 오래전, 죽은 지 사흘 된 숙부의 종아리가 장맛비처럼 아직 물렁물렁할 때

누구도 나에게 말해주지 않았던 거리

넷이서 눈길을 걸어갔네
—— 설니홍조(雪泥鴻爪)

뒤창에 눈 그쳐 눈길을 걸어갔네
나를 앞서 이 눈길을 간 발자국들이 있네
어떤 걸음은 꽃창포가 핀 것 같네
어떤 걸음은 짧은 화살을 찍으며 머뭇거리다 나아갔네
발가락 사이가 비좁은 네발 짐승도 뒤따라갔네
종주먹을 들어 을러대며 뒤따라갔네
이것은 살가죽을 두드리는 비릿함이 있네
살찐 나는 네번째로 이 길을 걸어갔네
바락바락 문질러놓는 소리가 나네
넷이서 서로 뒤따르며 눈길을 걸어갔네
돌이킬 수 없는 길을 걸어갔네
살얼음이 있는 동안만 반짝이는 것이니
잠시 망설일 뿐 순백의 시간 속으로 사라져갔네
어느 것 하나 돌아나오는 발자국이 없네

덜컥도 없이 너는 슬금슬금

두꺼비가 지렁이를 잡아먹고 있었다
둥근 두꺼비가 긴 지렁이를 삼키고 있었다
지렁이의 긴 하체를 두꺼비의 짧은 앞다리가 팽팽하게 잡아 한참을
지렁이의 버둥거리는 몸을 끈적끈적한 입으로 물고 다시 한참을
지렁이의 축축한 배가 두꺼비의 등 속으로 서서히 들어가는 이 아침
덜컥도 없이 슬금슬금 미끌미끌하게 들어가는 이 한참
그늘이 그늘을, 그늘의 생활이 그늘의 생활을
마저 넣고 입을 꼬옥 막고 눈을 돌리고 나를 바라보는 이 한참
두꺼비가 나에게 나에게도 똑같이 가까이 가까이로 다가오는 이 한참

크고 오래 쓴 채반을 인 사람처럼

울고 우는 새는
떨어져 사는 사람
산(山)을 주고받아요

나는 저무는 길섶 마른 풀잎서 반짝이는
흔한 풀벌레

이별은 내 삶의 선몽(先夢)
이제 어디서든 이별을 할 수 있고

외로우면 조금 나와서
조금 흔들려요

크고 오래 쓴 채반을 인 사람처럼
한 덩이로
가는 시간

뻘구멍

 이 밤에 알 수 없다, 마음이 홀로 사는 곳을
 앵초꽃의 보라를 보다가 거북이의 등에 거북이가 올라타는 것을 보다가
 문득 이 밤에 진흙 속에 사는 진흙게를 생각하게 되는 이유를
 늙은 여자의 몸 같은 갯벌의 몸을 더듬게 되는 이 관능을
 그 뻘구멍에 마음이 살고 있는가 질문하며 뻘구멍을 파들어가는 이 시간의 손을
 마음이여, 무슨 이유로 네가 그곳에서 뻘물을 마시면서 살고 있겠는가
 음란하고 물컹물컹한 진흙의 무희를 네가 사랑할 만한 이유를 찾을 수 없다
 진흙벽과 흘러내리는 진흙지붕과 진흙밥과 다발이 없는 진흙꽃과
 한 번도 말하지 않은 진흙말과 진흙입맞춤과 미소가 적은 진흙아침과 진흙하늘과
 태아처럼 몸이 나뉘지 않은 진흙허파와 진흙허벅

지와 진흙발과 동공이 없는 진흙눈과
 그리하여 세계가 한 덩어리의, 혹은 흐물흐물해서 쥘 수 없는 진흙이라는 너의 인식을
 이 밤에 알 수 없다, 마음은 진흙 속 한 마리 진흙게라는 나의 비유를
 진흙에는 주소가 없으므로 너를 결코 만날 수 없을 것이라는 너의 비유를
 물의 시간도 흙의 시간도 아니요, 완고함도 유순함도 아닌
 다만 있다, 라고 할 수밖에 없는 그곳
 흥건하게 있다, 라고 말할 수밖에 없는 그곳
 진흙우박들이 흘러내리고 진흙계절들이 밀려와 덮는, 그리하여 아무도 우리의 출생을 증명할 수 없는 그곳
 마지막까지 누구의 종교로도 구원할 수 없는 그곳
 마음이여, 무슨 이유로 네가 그곳에 진흙의 은자(隱者)로 살고 있겠는가
 이 밤에 알 수 없다, 뻘구멍을 파들어가 만나게 된 이렇게 끝나게 된 진흙문장을

이별이 오면

이별이 오면 누구든 나에게 바지락 씻는 소리를 후련하게 들려주었으면
바짓단을 걷어 올리고 엉덩이를 들썩들썩하면서
바지락과 바지락을 맞비벼 치대듯이 우악스럽게 바지락 씻는 소리를 들려주었으면
그러면 나는 눈을 질끈 감고 입을 틀어막고 구석구석 안 아픈 데가 없겠지
가장 아픈 데가 깔깔하고 깔깔한 그 바지락 씻는 소리를 마지막까지 듣겠지
오늘은 누가 나에게 이별이 되고 나는 또 개흙눈이 되어서

온탕에서

눈과 입이 한쪽으로 틀어졌다
목은 뻣뻣했다
기슭의 흙처럼 가슴살이 흘러내렸다

언 빨래 같은 그의 몸을 보고 있었다

마흔을 훌쩍 넘었을 사내가
그의 발바닥을 주무르고
종아리를 주무르고
팔을 주무르고 있었다

한참 주무르고 주무르다
온탕 한 바가지를 떠
그의 목덜미에 어깨에 등에 부어주었다

온탕을 부어주고
그를 가만히 기다렸다,
그의 알몸이 온탕 한 벌을 입을 때까지

밥술을 떠 그의 입에 넣어주고 기다리던 때처럼

구겨진 셔츠

벽에 셔츠가 걸려 있다
겨드랑이와 팔 안굽이 심하게 구겨져 있다
바람과 구름이 비집고 들어가도
잔뜩 찡그리고 있다
작은 박새도 도로 날아 나온다
저 옷을 벗어놓은 몸은
오늘 밤을 자고 나도 팔이 아프겠다
악착같이 당기고 밀치고 들고 내려놓았을
물건들, 물건 같은 당신들,
벽에 셔츠가 비뚜름히 걸려 있다
오래 쥐고 다닌 약봉지처럼 구겨진 윤곽들,
內心에 무언가 있었을,
內心으론 더 많은 구김이 졌을

겨울 강에서

  슬픔은 슬픔이어도 강 어부가 얼음낚시를 하려 얼음에 뚫어놓은 모란꽃만 한 구멍 같았으면
  그대 가슴속에도 몸이 투명한 빙어 떼가 노는가

  얼음 구멍 아래
  치마 한 감 거리 빛 속

  반짝이는 빛이었구나 빛의 한 마리 몸이었구나,
  찬 없는 밥을 삼키던 누이는
  머릿수건 올려 찬물 한 동일 이고 돌아오던 키 작은 내 누이는

새벽 못가

뜨거운 물이 찻잎의 푸른 눈물을 둥그렇게 감싸듯이
떠도는 손님을 헐값의 여인숙이 한 칸의 헐렁한 몸
으로 받아내듯이

그윽한 못과
날아오를 물오리 한 마리

우레

나는 차가운 마루에 앉아 있고
우레는 나를 지나간다

우레의 지나감은
어떤 윤곽을 생각게 되느니

눕다 다시 바로 앉아 돌이키느니
그마저 내가 숨어서 한 일을

우산의 은유

너는 다행히 우산을 잘 받쳐 드는군

샘이 잘 받쳐 드는 숫물과도 같이
산이 잘 받쳐 드는 산 그림자와도 같이
모래 해변이 잘 받쳐 드는 바다의 푸른 노래와도 같이
너의 얼굴이 잘 받쳐 드는 눈웃음과도 같이
서릿기러기가 잘 받쳐 드는 북쪽과도 같이

우산은 그리하여 딱히 물건 아니라
펼쳐 짐작되는 것

모질게 헤어져 돌아왔을 때에는
우산이라도 거기
두어 밤 받쳐 두고 올 것을

작심(作心)

모든 약속은 보름 동안만 지키기로 했네
보름이 지나면
나뭇가지에 앉은 새가 다른 데를 보듯 나는 나의 약속을 외면할 거야
나의 삶을 대질심문하는 일도 보름이면 족해
보름이 지나면
이스트로 부풀린 빵 같은 나의 질문들을 거두어 갈 거야
그러면 당신은 사라지는 약속의 뒷등을 보겠지
하지만, 보름은 아주 아주 충분한 시간
보름은 나를 당신을 부드럽게 설명하는 시간
그리곤 서서히 말들이 우리들을 이별할 거야
달이 한 번 사라지는 속도로
그렇게 오래

주먹눈이 내리는 해변을 걸어가오

주먹눈이 내리는 해변을 걸어가오

신(神)은 변성(變聲)을 하오

나는 무일푼이오

당신은 애써 해변 묘지를 보여주고 돌아갔소

마음이 무일푼이 되어 행복하오

주먹눈은 웅얼웅얼하오

신은 공중에 예배당을 지으오

얼금얼금하오

사람에게 주먹눈만 한 풋잠이 있었으면 하오

한 사랑의 숨이 꺼지는 것을 보오

눈망울은 해변의 모래알처럼 젖으오

하늘에선 눈물을 따르는 소리가 나오

쪼르륵 쪼르륵 바닷새가 날으오

이별은 이별을 뒤따라가오

사랑의 외곽

울타리를 치고
들어앉으니

나의 사랑은
뼈와 살로
외곽을 만들어
그 안쪽
인색하고
붉고
조마조마하는
심장 같아라

외곽을 갖춰
나갈 곳도
누굴 향하는 마음도 없이

어제 문득
산곡(山谷)에서 보았다

조그마한 꽃봉오리가
수줍게 피면서
조금조금
외곽을 넓히는 것을

내일에는
그예 그이의 산골(散骨)을 보리니
꽃은 지면서
사랑의 외곽을 마저 허물다

엎드린 개처럼

배를 깔고 턱을 땅에 대고 한껏 졸고 있는 한 마리 개처럼
이 세계의 정오를 지나가요
나의 꿈은 근심 없이 햇빛의 바닥을 기어가요
목에 쇠사슬이 묶인 줄을 잊고
쇠사슬도 느슨하게 정오를 지나가요
원하는 것은 없어요
백일홍이 핀 것을 내 눈 속에서 보아요
눈은 반쯤 감아요, 벌레처럼
나는 정오의 세계를 엎드린 개처럼 지나가요
이 세계의 바닥이 식기 전에
나의 꿈이 싸늘히 식기 전에

|해설|

의뭉스러운, 느린 걸음의 노래
—— 문태준 시 읽기

김 주 연

1

 문태준의 시는 둥글고 의뭉스럽다. 그 분위기는 "어룽어룽" "조촘조촘" "물렁물렁" "슬금슬금" "들썽들썽" "생글생글" "간질간질" "까닥까닥" "미끌미끌" "얼금얼금" "들썩들썩" "끔벅끔벅" "조마조마" "조금조금" 등등 시인이 사용하는 의태어/의성어 등에서 이미 강하게 암시된다. 이들 어휘는 그 모양에 있어서 둥그렇고 (혹은, 동그랗고), 그 동작에 있어서 느슨하고 유연하며, 천천히 움직이는 양상을 보여준다. 시인은 세계를 둥글게 파악하고 있어서 삼분법이나 변증법 등 서구식 발상과 기하학적 선형의 구도를 달가워하지 않는다. 둥근 원형의 구도는 자궁과 무덤의 모형이 그러하듯 원초적이다. 그런 의미에서 문태준은 발전과 변화에 조급해하는 근대인의 초상을 닮아 있지 않다. 더욱이, 변화 신드롬에 매달려 있는 최근의 한국인들 모습과도 친해 보이지 않는다. 그러면, 문태준, 당신은 누구인가. 시가, 아니 모든 문학 작품이 그로부터 발원하기 일쑤인 '사랑'을 노래한 작품부터 만난다.

> 사랑의 농원에 대하여
> 생각하였느니
>
> 나는 나로부터 변심하는 애인
>
> 나의 하루와 노동은
> 죽은 화분에 물을 부어주었느니
>
> 흘러 흘러갔어라,
> 먼 산 눈이 녹는 동안의 시간이
>
> 죽은 화분에 물을 부어주었느니 ──「화분」부분

 두 가지가 눈에 확 들어온다. 하나는 "~느니"로 끝나는 종결어미다. 이 부분은 시가 진행되면서 나타나는 "~었어라"와 더불어, 이제 거의 실종된 느낌을 주는 시조 가락의 재현을 연상시킨다. 당연히 복고조라고 할 만하다. 한

편 바로 그다음의 다른 하나의 인상은, 그럼에도 불구하고 시가 매우 탄력적이라는 느낌이다. 어찌 보면 모순되어 보이는 요소들이 긴장을 이루고 있는 것 같은데, 이 점이 문태준 시의 최대 매력이다.

탄력적 느낌은 그렇다면 어디서 오는가. 그 느낌은 이 경우 "나는 나로부터 변심하는 애인"이라는 행에서 온다. 이 문장은 뜻풀이에 앞서 이미 '나'와 '나'가 대립하는 음조에서 긴장을 조성한다. 이 긴장은 근대적이다. 배신이, "변심하는 애인"이라는 전통적 주제를 넉넉히 받쳐놓고 있기 때문이다. 그리하여 "~느니"와 "~었어라"의 전통적 넉살과 뜻/소리 모두에 있어서 충돌을 일으키는 문장, "나는 나로부터 변심하는 애인"은 더불어 음악성을 발생시킨다. 노래가 되는 것이다.

풀이 사라진 자리에
다시 풀이 와
어떤 곳으로부터 와

풀은 와서 돋고
몸이 커지고 스스로
풀꽃을 피우고 문득
여인이 되었어라

> 수심(愁心)을 들고 바람 속에 흔들리거나
> 내가 돌아앉으면
> 눈물을 달고 어룽어룽 내 뒤에 서 있었어라
> ——「화분」부분

'나'가 '나'를 죽이는 형상은 다시 중간 부분에서 "풀이 사라진 자리에/다시 풀이 와"로 나타나고, 그 풀은 마침내 여인이 되는 것이다. 주객이 합일하면서, 혹은 타자와 만나면서 새로운 자아가 등장하는 근대적 인식이다. 그러나 이 시 중간부 끝에서 다시 "내가 돌아앉으면/눈물을 달고 어룽어룽 내 뒤에 서 있었어라"라는, 매우 고색창연한 분위기의 답습이 엿보인다. 말하자면 무슨 판소리의 가락처럼 진양조/중중머리 비슷한 교묘한 엇갈림이 안배되고 있다.

> 어디로부터 왔느냐
> 묻지는 않았으니
> 누구도 나에게 그렇게 묻지 않았듯이
>
> 우리는 이 화분을 들고
> 앞서고 앞서서 가거나
> 늦추고 늦추어서 갈 뿐

우리는 이 화분을 들고
서로에게 구름 그림자처럼 지나가는 애인
나는 나로부터 변심하는 애인   ──「화분」부분

  후반부에 이르러 집중되는 화분에 대한 묘사는, 이 시가 사랑-풀-화분으로 연결되는 이미지의 고리를 이루고 있음을 알린다. 화분은 어디서 왔는지 알 수 없으나 '우리'는 (여기서 홀연히 복수가 된다) 그 화분을 들고 앞서거니 뒤서거니 걸어간다. '화분'은 사랑이리라. 그럴 것이 나도 들었고 여인도 들지 않았는가. 그 '나'는 '죽은 화분'에 물을 부어주었으니, 그것만으로도 자기 스스로에게서 배신된 자이다("변심하는 애인"이다). 죽은 줄 모르고 그 화분에 물을 주었는지, 알고도 주었는지는 따라서 중요하지 않다. 어차피 남녀는 "서로에게 구름 그림자처럼 지나가는 애인"이기 때문이다. 결국 시작과 끝이 만나는 둥그런 원형의 실존이 거기에 있다. 이 시에서 중요한 것은, 그 메시지에 있어서 허무 혹은 달관일 수밖에 없는 사랑에의 전언이 그처럼 허무하거나 체념적으로 전달되지 않고 있다는 점이다. 다소 설명적인 후반부의 이완이 아쉽기는 하지만, 전통적 어미 활용과 사랑에 대한 현대적 인식 사이의 긴장을 통해 통시적 공감을 유도해냄으로써, 독자적인 공간을 창출한다. 문태준만의 동그랗고 부드러운 시적 공간이다. 특히 이 공간의 울림이 갖는 노래의 성

격은 깊이 음미될 만하다.

노래로서의 울림이라는 문제는, 문태준이 공들여 다듬고 있는 시의 특징이다.「넷이서 눈길을 걸어갔네」를 비롯해서「극빈 3」「나와 아버지의 폐원(廢園)」등 10여 편의 작품들이 모두 "~네"라는 종결어미를 공유함으로써 운율 처리에서 상당한 효과를 거두면서 음악성에 접근한다. 물론 "~네" 어미만이 아니다. 시인은 때로 "~지"로, 때로는 "~군"으로, 때로는 "~고"로 어미의 변주를 자유롭게 구사한다. 그 변주는, 시의 내용과 어울려 절묘한 울림을 빚어낸다.

거북은 돌을 괴고 **자고**
나는 솜을 괴고 **자고**

말〔言〕을 그곳에 **슬고**
마음이 그곳서 **쉬고**

따로따로
외돌토리로서

혹이 생기도록 이마를 **대고**
혹이 사라지도록 이마를 **대고**
　　　　　——「나와 거북 3」부분(고딕체는 필자)

거북과 '나'를 평행시키면서 말과 마음이 매개에도 불구하고 상통하지 않는, 양자의 교통과 단절을 노래하는 시다. 여기서 "괴고/자고" "슬고/쉬고" "대고/대고"의 반복되는 운의 처리는 각운/미운과 같은 이른바 운율학의 문법을 고려하지 않는다 하더라도 매우 자연스러울 정도로 놀랍다.

> 저 저녁연기는
> 마당에서 놀다 **가는군**
>
> 저 저녁연기는
> 저녁밥을 얻어먹고 **가는군**
>
> 저 저녁연기는
> 손이 **늦군**
> 나만큼
> 힘이 **약하군**
>
> 근심하지 말렴
> 내 놀던
> 건초더미야
> ──「저 저녁연기는」 전문(고딕체는 필자)

"~는"과 "~군"의 어미 반복으로 이루어지고 있는 경우다. 가장 일반적인 운으로 나타나는 "~네"와 "~고" 이외에도 이처럼 그는 종결어미로서 시의 음악성을 유도하는 일에 무척 실험적이다. 시조적 전통의 복고적 영탄조를 피해가면서 현대적 메시지와 조화를 형성해가는 어려운 이 작업은, 사실 아직은 좀더 지켜보면서 기대함직한 부분이다.

 문태준의 시가 둥글고 의뭉스럽다고 나는 말했다. 그의 둥긂은 대체로 두 가지 방면에서 설명된다. 무엇보다 어휘의 모습들이——그 내용과 사용 방법——그렇다. 이미 의태어, 의성어들에서 드러난 바 있으며, 형용사, 부사에서도 그대로 나타난다. 서행(徐行)의 동작에 영향을 주는 부사에서 그 모습은 완연하다. 시의 제목에서 벌써「물끄러미」가 나오는가 하면「덜컥도 없이 너는 슬금슬금」이라는 알듯 모를 듯한 제목도 있다. 그러나 그 둥긂은 아무래도 구조의 원형성일 듯하다. 가령 앞의 인용 시「저 저녁 연기는」만 하더라도, 마당에 가득한 저녁연기의 묘사로 시작해서 "건초더미"에 행여 피해가 갈까 염려하지 않도록 단속하는 끝맺음으로 둥글게 잘 맞물려 있는 것이다. 비슷한 장면은 작품들 도처에 편재한다.

    아이가 공을 몰고 간다
    공이 아이를 몰고 간다

〔……〕
　　공이 멈추고 싶어 할 때
　　아이가 멈추고 싶어 할 때
　　공과 아이는
　　등을 구부려
　　둥글게 껴안는다　　　　　　　　——「공과 아이」 부분

　설명이 필요 없을 이 시는, 그러나 한마디의 요약이 허락된다면, 그 요체는 시인의 세계관이 지닌 원형성이다. 요컨대 시인의 눈에 세계는 둥글게 보인다. 시인은 자신의 눈에 둥글게 들어온 그 세계를 그대로 보여주고 싶어 한다. 그러나 조금 쑥스럽다. 마치 고통이 결여된 듯한 자격지심이랄까. 여기서 그의 의뭉스러움이 슬슬 작동한다. 의뭉스러움—그러면서도 그렇지 않고, 그렇잖으면서도 그런 숨김의 미학 같은 문태준 특유의 기법이 발휘된다.

　　배를 깔고 턱을 땅에 대고 한껏 졸고 있는 한 마리 개처럼
　　이 세계의 정오를 지나가요
　　나의 꿈은 근심 없이 햇빛의 바닥을 기어가요
　　목에 쇠사슬이 묶인 줄을 잊고
　　쇠사슬도 느슨하게 정오를 지나가요
　　원하는 것은 없어요　　　——「엎드린 개처럼」 부분

글쎄, 여기서 시적 화자를 비굴하다고 할 것인가. 우리의 머릿속에는 햇빛 쨍쨍한 한낮에 사슬에 묶여 주인을 따라 끌려가고 있는 개 한 마리가 그림으로 떠오른다. 그 개가 여기서 시적 화자이다. "세계의 정오"와 대비되고 있는 이 처량한 한 마리의 개! 원하는 것 아무것도 없다는 그는, 그러나 어쨌든 "세계의 정오"를 지나간다! 이 비굴한 통과를 짐짓 내세우고 있는 시인은, 세상의 한계에 얽매여 있으면서도 그 세계의 본질은 함께 경험한다. 비굴함은 패러독스, 말하자면 의뭉함이다.

> 백일홍이 핀 것을 내 눈 속에서 보아요
> 눈은 반쯤 감아요, 벌레처럼
> 나는 정오의 세계를 엎드린 개처럼 지나가요
> 이 세계의 바닥이 식기 전에
> 나의 꿈이 싸늘히 식기 전에
> ——「엎드린 개처럼」부분

그는 결코 비굴하지 않다. 눈 속에서 백일홍이 핀 것을 보고 있기에 세상에 묶인 육신의 구속을 어쩌면 당연하게 느낀다. 벌레처럼 눈을 반쯤 감고 있지만, 나머지 반은 아마도 형형하게 뜨고 있으리라. 그에게 중요한 것은 "세계의 정오"를 지나가는 일뿐이다. 세계의 바닥도, 꿈도 어차피 식어가는 것이므로 그 이전의 변형은 차라리 의뭉스러

워야 정직하다는 판단에 그는 익숙해진다.

 의뭉스러움은 무엇보다 시의 현대적 인식을 전통적인 문법과 가락으로 귀향시키는 일에 효과가 있다. 현대는 곧 모더니즘이며, 모더니즘은 곧 싸움과 분열, 각개약진이라면, 시인은 이를 알면서도 모르는 체하고 싶을 수 있다. 생각해보라, 현대를 사는 그 어느 시인이 현대를 외면할 수 있겠는가. 그러나 그 각개약진에 편승하지 않고 귀향 길에 오른다면, 오직 자신을 눙치는 수밖에 없을지도 모른다. 의뭉스러움은 느슨한 길 위에서의 승리가 된다.

2

 서브sub- 문화 속에서 서브 포에트sub-poet들이 난무하는 가운데, 문태준은 홀연히 등장한 메인이며, 메이저다.[1] 대저 메인이나 메이저가 없는 서브가 어디에 있겠는가. 저항하고 시비를 걸 정통 문화와 정통 시인이 희소한 마당에 우후죽순으로 퍼져 있는, 고만고만한 난해성의 서브 포에트들로 인하여 시의 사회적 설득력이 갈수록 약화

---

1) 그러나 이제 서브와 메인은 그 위치가 바뀐 것 같다. 인터넷 및 인터넷류의 언어가 양적으로 주류를 이루면서 범람하고 있는 상황에서 메인은 오히려 소수자의 자리로 물러나 있는 모습이다. 문태준을 마냥 메인이니, 메이저니 하는 호칭은 차라리 역설적으로 받아들여지리라. 쓰기는 썼지만 취소하고 싶다.

되어가는 현실에서, 문태준은 문득 솟아오르는 물줄기가 되어 사위의 건조함, 잡류의 번식을 누르고 생명수가 된다. 그는 전통의 가느다란 길 위에서 그 전통을 쇄신해 가는 정통이다. 시, 소설, 드라마의 장르 이론을 정립한 슈타이거E.Staiger는 "서정시가 반드시 서정적인 것은 아니다"라고 말했지만 , 이 말속에는 반드시 서정적이 아닌 시들도 많이 있을 수 있으나(예컨대 서브 포에트들), 역시 정통은 서정적 서정시라는 함축이 들어있다. 물론 서정적 서정시만이 우리 시의 정통성을 형성하고 있는 것은 아니다. 가령 김소월, 한용운, 서정주, 박재삼의 전통과 더불어 백석이나 이상, 윤동주며 김수영, 김춘수 또한 중요한 전통을 이루고 있다. 주목되어야 할 것은, '전통의 쇄신'이란 '전통의 존중'을 병행하고 있다는 점이다. 쇄신은 존중의 바탕 위에서 행해진다. 문법의 파괴는 문법의 이해와 숙달의 능력 다음에 올 수 있다. 오늘 우리의 시가 지나치게 난해한 구문으로 얽혀 있는 것은, 전통적인 문법에 대한 이해의 능력이 결여되어 있기 때문이 아닐까 생각된다. 폭력과 섹스로 범벅이 된 서브 포엠이 우스꽝스러운 까닭은, 그것이 폭력과 섹스에 의해 장악되었기 때문이라기보다, 그것에 의해 올바른 문법의 이해 여부가 은폐되어 있기 때문이다. 비슷한 행로를 밟았음에도 불구하고 전세기 초 고트프리트 벤이나 트라클, 혹은 이상의 세계와 그들이 구별될 수밖에 없는 이유이다.

문태준이 걸어가는 정통의 길은, '전통 쇄신'의 길이다. 그는 전통을 귀히 여기고 문법을 존중한다. 그러나 그 길을 그대로 따라가지 않는다. 그 길 위를 천천히 걸으면서, 훨씬 현대적일 수밖에 없는 자신의 시적 자아를 개입시켜서, 그 길을 심심하지 않게 하고, 이윽고 재미있게 한다. 그 쇄신의 길은 매우 매력적이다.

가는, 조춤조춤 가다 가만히 한자리서 멈추는 물고기처럼

가라앉은 물돌 곁에서, 썩은 나뭇잎 밑에서 조으는 물고기처럼 ──「살얼음 아래 같은 데 1」 부분

물고기에 대한 정밀한 관찰이다. 그 관찰은 섬세하다. 사용된 어휘들은 우리말의 전통 속에서 무심하게 버려진, 따라서 좀처럼 만나기 힘들었던 말들로서 외래어보다 낯설고, 그렇기 때문에 차라리 신선하다. 오랫동안 그 많은 시인들에 의해 관심 밖에 머물러 있던 낱말들의 등장은, 틀림없는 '쇄신'이다. 대체 '조춤조춤'이라는 말, 언제 들어보았던가. '물돌'은? 시인의 눈과 손은, 첫 행 "가는, 조춤조춤 가다 가만히[……]"에서 이미 심상치 않게 예고된다. "가는"은 무엇인가. 형용사인가, 동사인가. 시적 애매모호성을 연상시키면서도 충분히 전통의 분위기 속에 있는 이 교묘한 동작은, 시인의 침착한 천재성 아래에서

발견될 수 있는 우리말의 간지러운 성감대에 속한다. 자, 그 물고기가 어떻다는 것인지?

    추운 저녁만 있으나 야위고 맑은 얼굴로

    마음아, 너 갈 데라도 있니?
                             —「살얼음 아래 같은 데 1」 부분

 평범한 낱말들로 구성된 구문이다. 그러나 그 연결은 기묘하다. "추운 저녁만 있으나"와 "야위고 맑은 얼굴로"는 한 줄로 그냥 연결되기에는 문법적으로 다소 어색하다. 굳이 문법 안에서 소화되어야 한다면, '추운 저녁, 야위고 맑은 얼굴로' 정도가 자연스러우리라. 그러나 "추운 저녁만 있으나 야위고 맑은 얼굴로"는 별로 이상하지 않게, 아니 썰렁함을 벗고 해맑음으로 돋아나는 사뿐한 인상을 던진다. 뻔한 우리말인데도 조사(措辭)의 절묘한 운영이 만드는 효과라고 할 만하다. 그 배후에는 앞서 묘사된 물고기의 상황이 그 "야위고 맑은 얼굴"을 뒷받침한다. 그리하여 의문문의 주어도 명시되거나 추정되지 않은 채, "마음아, 너 갈 데라도 있니?"하는, 다소 쓸쓸한 내면이 조명된다.

    살얼음 아래 같은 데

> 흰 매화 핀 살얼음 아래 같은 데
> ──「살얼음 아래 같은 데 1」 부분

'살얼음 아래 같은 데'라는, 지극히 평범한 제목을 가진 6행의 짧은 이 시는, 다른 그의 모든 시들과 더불어 '쇄신의 힘'을 지닌 아름다운 작품이다. 전통적 서정시의 분위기 아래에서도 산뜻한 인상화를 연상시키는 담록색의 풍경이 내/외면을 함께 감싸고 돈다. 세상, 혹은 적어도 시인이 인식하고 있는 세상의 냉혹함과 그 세상을 살아가는 시인의 아득한 마음이 섣부른 낙/비관의 바깥에서 조용하게 헤엄친다. '쇄신'은 이처럼 조용하며, 조용함을 통해서 오히려 역동적 갱신을 가져온다. 한두 편의 분석을 덧붙여보자.

> 겨울 아침 언 길을 걸어
> 물가에 이르렀다
> 나와 물고기 사이
> 창이 하나 생겼다
> 물고기네 지붕을 튼 살얼음의 창
> 투명한 창 아래
> 물고기네 방이 한눈에 훤했다
> 나의 생가 같았다.
> ──「살얼음 아래 같은 데 2」 부분

「살얼음 아래 같은 데 2」이다. (1)에서 '나,' 즉 '나의 마음'은 물고기에 빗대어 (이 '빗댐'은 말하자면 비유다. 시인은 이 표현을 좋아한다) 묘사되었는데, (2)에 와서 '나'와 물고기 사이에 창이 하나 생겼다. '나'와 물고기는 어차피 빗대고, 빗대어지는 관계였지 동일화가 이루어진 것은 아니었다. 이제 그 사이에 창이 생겼다니 서로서로 바라보기 좋게 되었다. 그런데 가만히 보니까 그 물고기, 그 창은 상징 아닌 사실 아닌가. 겨울이 와서 물이 얼었으므로, 그 얼음 밑에 있는 물고기와 얼음 위에 있는 '나' 사이에는 어차피 '창'이 생긴 것이다. 동심의 투영과도 같은 묘사이며, 세계이다. 문제는 물고기가 사는 방을 시인이 "나의 생가 같았다"고 생각하는 것이다. 나는 어느덧 물고기가 되었는가. 동일화가 수행되었는가.

창으로 나를 보고
생가의 식구들이
나를 못 알아보고
사방 쪽방으로 흩어졌다
[⋯⋯]
나를 못 알아보고
무슨 급한 궁리를 하느라
그 비좁은 구석방에 빼꼭히 서서

마음아, 너도 아직 이 생가에 살고 있는가
시린 물속 시린 물고기의 눈을 달고
　　　　　　　——「살얼음 아래 같은 데 2」 부분

　여기 와서 완전히 '나'-물고기의 시적 자아가 성립한다. 그러나 '나'는 '마음'으로서의 '나'이며 '마음'은 호격의 대상으로 불리워진다. 이러한 방법은 비교적 전통적이어서 '쇄신'의 힘은 다소 느슨하다. 쇄신이 보다 의미 있게 느껴지는 작품으로는,「이제 오느냐」와 같은 시가 흥미로울 수 있다.

화분에 매화꽃이 올 적에
그걸 맞느라 밤새 조마조마하다
나는 한 말을 내어놓는다
이제 오느냐,
아이가 학교를 파하고 집으로 돌아올 적에
나는 또 한 말을 내어놓는다
이제 오느냐,

말할수록 맨발 바람으로 멀리 나아가는 말
얼금얼금 엮였으나 울이 깊은 구럭 같은 말

뜨거운 송아지를 여남은 마리쯤 받아낸 내 아버지에게 배

냇적부터 배운 　　　　　　──「이제 오느냐」 전문

"매화꽃" "맨발" "구럭" "송아지" "배냇적" 등등의 낱말들이 나오지만, 이 시는 반드시 전형적인 서정시의 문맥 안쪽에 그 자리가 있는 것은 아니다. 여기서 중요한 것은, 그러한 토속적 어휘에 슬그머니 실려서 나타나는 강한 메시지다. 언어의 포스트모던한 운명에 관한 전언이다. "화분에 매화꽃이 올 적"이란 봄을 기다리는 늦겨울의 어느 날이다. 조마조마한 마음으로 기다리다가 뱉는 말이 "이제 오느냐"이다. 마찬가지로 학교에서 돌아오는 아이를 기다리다가 맞이하는 말 또한 "이제 오느냐"이다. 그 말들에는 기다림 끝에 맞이하는 반가움이 내포되어 있다. 그러나 시의 대상도 아니고 단순한 간투사도 아닌 그 문장을 들고서 시인은 문득 "멀리 나아가는 말" "울이 깊은 구럭 같은 말"이라는, 의미 깊은 문장을 덧붙인다. 그 말은 "내 아버지에게 배냇적부터 배운" 언어라기보다는 이미 몸이나 다름없는 원초의 형상이지만, 이상하게도 말할수록 "멀리 나아간다." 멀리 나아간다는 뜻은, 내포가 풍성해지고 외연이 확장된다는 것 아니겠는가. "이제 오느냐"의 함축이 지닌 핵심은 "이제"일 터인데, 그것은 말의 절약, 절약과 함께 인내되는 삶의 지혜이다. 말하자면, 화분에 매화꽃이 피어나는 일은 상당한 기다림 뒤에 다가온다. 그때까지는 기다리면서 참아야 한다. 말이 섣불리

앞서 가서는 안 된다. 마찬가지로 학교가 파해 집에 돌아오는 아이를 맞이하는 일도 조마조마한 기다림 뒤에 일어나는 것이다.

  기다림은 말 이전의 시간을 담당한다. 말은 기다림을 완성한다. 왜냐하면 말이란 할수록 멀리 나아가기 때문에, 풍성과 확장은 자칫 오해와 오용도 불러올 수 있기 때문이다. "이제 오느냐"는 정도의 무심한 말도 비록 "얼금얼금 엮어진" 것이지만, "울이 깊기" 때문에 그 예기치 못한 변주를 유의해야 한다. "이제 오느냐"는 시의 제목으로 올라선 그 말 속에는, 시인의 작은 언어 철학이 담겨져 있다. 그 철학은 파울 첼란의 절망적 언어관과는 매우 다른 의미에서 언어에 대한 심각한 성찰을 요구한다. 문태준의 그것에서, 언어는 앞서 가거나 뒤에 오는 것으로 인식된다. 첼란이 현재의 정직한 반영이라는 의미에서 절망했다면, 문태준의 그것은 아예 그 자리를 앞서거나 뒤쫓는다. 언어는 그에게 있어서 예시하거나 완성하는 그 무엇으로 나타난다. 이 명제는 물론 시인에게 의식되지 않은 상태로 표출될 수도 있다. 그러나 문태준의 시에서 은밀하게 노정되는 이 느림과 기다림 속의 언어에 서양의 저들과 다른 특유의 사고가 잠재되어 있다는 사실이 간과되어서는 안 될 것이다. 우리 시의 전통이 "슬금슬금" 해부되면서 "얼금얼금" 엮이어 가는 과정에서 그 작은 꼬투리가 번득인다. 시인 자신을 두꺼비에 빗대어 시의 본질을 시사한다음 작품은 이런 의미에서 흥미롭다.

> 내 걸음 가다 멎는 곳 당신 얼굴 들썽들썽해
> 천천히 오직 천천히
> 당신의 집과 마당을 다 둘러 나왔소
>
> 습한 곳에 바쳐질 조촐한 나의 목숨
> 나의 서정(抒情) ──「두꺼비에 빗댐」 전문

 이 시에서 가장 서럽고, 그래서 가슴 아프게 빨려 들어오는 대목은 "당신 얼굴 들썽들썽"하다는 부분이다. 시가 그렇다는 것이다. 들썽들썽하다는, 우리말에서 좀처럼 사용되지 않는 이 의태어는, 아마도 편치 못한 표정의 표현이리라. 하기야 이 불안, 불화, 엽기의 시대에 도대체 어떻게 시를 쓰겠느냐는 한탄이 나온 지도 오래됐다. 시인이며 이론가며, 벌써 반세기 훨씬 이전부터 이에 대해 한 목소리를 내지 않았던가. 그러나 비록 "들썽들썽"할망정, 시인은 천천히, 오직 천천히 시의 마당을 둘러본다.
 그는 들썽들썽한 시의 얼굴 때문에 분노하거나 절망하거나, 파괴하거나 자학하지 않는다. 그는 그냥 둘러본다. 이 서행은, 그러나 순응의 몸짓을 가장한 무서운 비판이다. 그는 그의 서정을 가리켜, "습한 곳에 바쳐질 조촐한 나의 목숨"이라고 부른다. 겸손으로 무장된 자아가 봉헌

되는 제단, 그곳이 그가 생각하는 시다. 그는 그곳이 햇빛 바른 양지가 아닌 줄 이미 알고 있다. 얼굴 들썽들썽한 습지인 시에 목숨을 내놓는 경건함 앞에 어떤 시도 새로운 쇄신을 경험하지 않을 수 없을 것이다.

3

둥글고 의뭉스러운 시의 고향으로 귀향한 문태준 시의 바구니에 들어 있는 것들은 그렇다면 무엇일까. 그 내용에만 관심을 갖는다면, 그 결과는 의외로 실망스러울 수 있다. 소중하게 발견되는 것은 세상을 살아가는 방법, 그 세상을 시에 반영하는 방법이다. 한마디로 요약한다면, 그는 속도의 세상 뒤쪽에서 서서히 그 세상의 운행을 관찰하고 언어를 절제하면서, 느리게 볼 때에만 보이는 본질을 슬며시 잡아내어 드러낸다.

> 따뜻한 배를 각각의 손으로 받쳐 들어 나에게 보여주었다
> 그 집으로부터 **멀찍이 떨어져** 겨우 다시 **돌아보았**을 때에도
> ——「물린 값으로」 부분 (고딕체는 필자)

온탕을 부어주고
그를 가만히 기다렸다,

그의 알몸이 온탕 한 벌을 입을 때까지

밥술을 떠 그의 입에 넣어주고 **기다리던** 때처럼
— 「온탕에서」 부분(고딕체는 필자)

결국 시인이 보여주는 것은 '천천히'이며 '기다림'이다. 이런 의미에서 시인은 인간 중심의 세속성 아닌, 신 혹은 하늘 중심의 초월성에 그 사고가 맞닿아 있는 것으로 보인다. 가끔씩 나타나는 하느님에 대한 언급은, 특정 종교와 무관한 자리에서 총체적 질서에 대한 신뢰라는 믿음을 주면서, 시의 든든한 기반을 뒷받침한다. 예컨대 이렇다.

오늘은 탈이 없다
하늘에서 한 옴큼 훔쳐내 꽃병에 넣어두고 그 곁서 잠든 바보에게도

밥 생각 없이 종일 배부르다

나를 처음으로 쓰다듬는다

오늘은 사람도 하늘이 기르는 식물이다.
— 「봄볕」 전문

따라서 문태준의 관심이 머무는 곳은, 공간 아닌 시간이 된다. 70여 편에 달하는 수록 작품의 제목만을 보더라도 그 상황은 그럴싸하다. 그 시간은 정지된 공간의 시간이기 일쑤이며, 동심의 동산이 되는 경우도 많다. 그 동산에서 벗어난 시간은 "걸레처럼 축축하게"(「나와 거북 2」) 인생을 밀고 간다. 시적 화자의 시간이 대체로 어린 시절에 머물러 있고, 그 어린 시절에 의해 아버지나 누이, 어머니, 동생과의 교환이 이루어진다. 시인에게 있어서 시간은 그러므로 잃어버린 시간이며, 이별은 시간과의 이별이다. 귀향을 통해 확인한 것은, 아이러니컬하게도 그가 아직 고향을 떠나지 않았다는 사실이다. 그만큼 그는 천천히 걷는다.

> 동생은 아직 돌아오지 않고 동산에 놀고 있다
> 암소도 염소도 함께 있다
> 벌도 까마귀도 같이 앉아 있다
> 우는 소린지 웃는 소린지 알 수 없다
> 〔……〕
> 멀리서 동생은 내 이름을 길게 부른다
> 은하처럼 길게 나를 부른다
> 글쎄,
> 내가 왜 벌써 이곳으로 돌아왔는지 알 수 없다
> ──「동산」 부분

아, 그렇구나. 아버지의 폐원에 대해서 왜 그토록 쓸쓸해하는지, 눈사람을 만드는 아이가 누군지, 까만 염소가 되고 싶어 하는 아이가 누군지, 가시가 박혔다고 우는 아이가 누군지…… 이제는 모두 알 것 같다. 가난했던, 그리고 섬세했던 시인의 어린 시간. 그러나 시인은 그 시간과의 이별이 싫다. 전통이라는 시간과의 이별도 달갑지 않다. 떠나왔으나 그곳에서 여전히 맴도는 거북이의 마음과 멀리 와버린 시간 사이에서 솟아오르는 저 어룽어룽한 노래 가락이라니!